AF244712

LE MANIEMENT

DE

LA DETTE PUBLIQUE

ET

LE 3 % AMORTISSABLE

PAR

Henri CERNUSCHI

Articles publiés dans le SIÈCLE

PRIX : UN FRANC

PARIS

LIBRAIRIE DE GUILLAUMIN ET Cie

Éditeurs du Journal des Économistes, de la Collection des principaux Économistes, du Dictionnaire de l'Économie politique, du Dictionnaire universel du Commerce et de la Navigation, etc.

14, RUE DE RICHELIEU, 14

1878

LE MANIEMENT

DE

LA DETTE PUBLIQUE

ET

LE 3 % AMORTISSABLE

PAR

Henri CERNUSCHI

Articles publiés dans le SIÈCLE

PRIX : UN FRANC

PARIS

LIBRAIRIE DE GUILLAUMIN ET Cie

Éditeurs du Journal des Économistes, de la Collection des principaux Économistes, du Dictionnaire de l'Économie politique, du Dictionnaire universel du Commerce et de la Navigation, etc

14, RUE DE RICHELIEU, 14

1878

LE

MANIEMENT DE LA DETTE PUBLIQUE

ET

LE 3 % AMORTISSABLE

I

3 Mars 1878.

L'État est perpétuel. C'est à raison de sa perpétuité qu'il peut émettre des rentes perpétuelles.

L'État a toujours le droit de racheter les rentes émises en payant leur capital nominal au pair de cent. Le capital nominal du 3, du 4, du 4 1/2, du 5 % étant le même, le coût de rachat est le même pour chacune de ces rentes.

Les Compagnies des chemins de fer ont devant elles une existence de 75 ans seulement; c'est pourquoï elles ne peuvent emprunter à titre perpétuel, et c'est pourquoi elles émettent, sous le nom d'obligations, des rentes amortissables en 75 ans par voie de tirages annuels.

Que ne pouvant émettre du perpétuel, les Compagnies émettent de l'amortissable, c'est dans l'ordre. Mais que, pouvant émettre du perpétuel, l'État aille émettre de l'amortissable, ce serait une faute.

Pour payer l'indemnité de guerre on a emprunté en 1871 et 1872 plus de 5 milliards, au taux de 6 %, en émettant des rentes 5 % au-dessous du pair. Actuellement l'État peut emprunter à 4 1/2.

Le taux de l'intérêt à payer quand on emprunte à long terme ou quand on em-

prunte à court terme est souvent diffé-
rent. Mais, que l'emprunt soit perpétuel,
ou amortissable en 75 ans, on emprunte
et on prête au même taux d'intérêt.

Qu'on émette au pair du 4 1/2 perpétuel, ou du 4 1/2 amortissable en 75 ans;

Qu'on émette à 72 du 3 % amortissable
en 75 ans;

Qu'on émette à 89 du 4 % perpétuel;

En admettant l'un quelconque de ces
fonds, chacun au cours indiqué, et en la
quantité requise pour produire 500 millions de francs, ces 500 millions sont éga-
lement empruntés à 4 1/2. Pas de contes-
tation possible à cet égard. Le calcul en
répond.

Il est vrai qu'en ce qui concerne le 3 %

amortissable, le taux de l'intérêt à percevoir par les souscripteurs est soumis à l'aléa des tirages. On a déboursé 72, on sera remboursé à 100; et autre chose est recevoir les 100 à une époque prochaine ou à une époque éloignée. La différence d'époque se traduit pour les souscripteurs en différence du taux d'intérêt. Les souscripteurs dont les titres sortiront aux tirages des premières années se trouveront avoir placé les 72 francs à plus de 4 1/2; les souscripteurs dont les titres sortiront plus tard se trouveront avoir placé les 72 francs à moins de 4 1/2. Mais la moyenne générale est toujours 4 1/2, car sur l'ensemble des titres en circulation, l'État paye toujours 4 1/2, ni plus ni moins.

D'entre tous les fonds qu'on peut émettre pour emprunter à 4 1/2, le plus avantageux pour l'État est sans contredit le 4 1/2 au pair, car le capital de rachat ou d'amortissement n'est pas, comme dans les autres fonds, plus considérable que le capital reçu. L'État a reçu cent, il remboursera cent.

Et le 4 1/2 perpétuel est meilleur que le 4 1/2 amortissable, car l'État peut ne jamais racheter le perpétuel, ou le racheter quand il voudra; tandis que l'amortissable doit être remboursé d'après une échelle d'échéances fixées d'avance.

Mais le public français n'est pas habitué, comme le public des États-Unis, aux émissions faites au pair. Le titre au-dessous du pair paraît plus séduisant, surtout aux spéculateurs. On le trouve plus élastique dans le sens de la hausse, de la plus-value.

Si on veut ne pas heurter les habitudes,

le mieux qu'on puisse faire pour emprunter à 4 1/2, c'est d'émettre le 4 % perpétuel à 89. Ce fonds pourra un jour être racheté avec profit. Quand le 3 % français atteindra le cours du 3 % anglais, quand il approchera du pair (cette époque, nous le démontrerons, est moins éloignée qu'on ne pourrait le croire), l'État sera en position de racheter le 4 % avec les sommes qu'il réalisera en émettant du 3 % à 90 ou 95.

———

Mais toute perspective de rachat utile, toute possibilité de diminuer l'intérêt de la dette, disparaissent pour longtemps si on émet le 3 % amortissable.

Qu'on dresse le tableau d'amortissement en 75 ans, pour les 700 millions de capital nominal 3 % qu'il faut émettre afin de réaliser 500 millions de francs. On verra qu'au bout de 55 ans on n'aura remboursé que 350 millions, la moitié des titres. Vous repoussez la perpétuité qui vous laisse libre de racheter ou de ne pas racheter, et voilà que vous nous donnez une pseudo-perpétuité qui enchaîne plusieurs générations. De par le 3 % amortissable, vous empruntez à 4 1/2 et vous demandez que l'État reste débiteur à ce taux pour plus d'un demi-siècle.

Pourrez-vous abréger ce délai? Pourrez-vous, si le taux de l'argent tombe à bas prix, rembourser vos titres sans attendre l'échéance des tirages? Nullement. Vos titres sont du 3 %; pour racheter 3 francs de rente il vous faudrait payer 100 francs; c'est trop coûteux.

Si l'idée du 3 % amortissable était juste aujourd'hui, elle aurait dû être juste en 1871 et 1872, quand on a réalisé les 5 milliards, en empruntant à 6 % par des rentes 5 % émises au-dessous du pair. Pour emprunter 5 milliards, à 6 %, en émettant du 3 % amortissable en 75 ans, il aurait fallu émettre ce fonds à 55, et en émettre pour environ 10 milliards, capital nominal.

Qu'elle eût lieu cette émission, et comme les défauts du 3 % amortissable sauteraient aujourd'hui à tous les yeux ! Comme personne n'en serait l'avocat !

Le 3 % amortissable n'a pas été proposé en 1871 ; mais l'émission d'un 3 % perpétuel a été chaudement demandée. Nous avons alors combattu ce projet, comme nous combattons aujourd'hui celui du 3 % amortissable : nous avons écrit en faveur du 5 %, et nous n'en avons aucun repentir. Voilà ce 5 % bien au-dessus du pair; la conversion devient possible. Elle ne le serait pas si on avait émis du 3 % soit perpétuel, soit amortissable.

———

Ce mot *amortissement* exerce de temps à autre une fascination singulière. Bien des fautes ont été commises en son nom. En réalité, l'amortissement n'a jamais fonctionné, et toutes les fois que l'État a émis des rentes amortissables à l'instar des compagnies des chemins de fer, il s'en est vite repenti, et les a retirées en faisant des sacrifices.

Aujourd'hui même, ne parle-t-on pas de retirer la rente trentenaire 4 % émise l'année passée?

———

On comprend que, responsable des désastres de 1870, la génération actuelle se couvre le front à la pensée que les générations futures, innocentes de tant de malheurs, auront à supporter la lourde charge des intérêts dus sur les 5 milliards; mais qu'on se pique de léguer à la postérité d'au-delà 1953, libres de toute charge, des chemins de fer et des canaux perpétuellement productifs, c'est là une prodigalité trop naïve et trop coûteuse pour les contribuables de la présente et de la prochaine génération.

Les lointains héritiers ne se plaindront pas du bon testateur qui, en somme, les aura enrichis, malgré les pensions perpétuelles dont l'héritage serait grevé.

———

Les impôts actuels sont lourds, ce sont des impôts de guerre, et les législateurs votent des allégements.

Vouloir alléger les impôts et du même

coup vouloir amortir, c'est contradictoire. Pour amortir sérieusement, il faudrait, au contraire, lever de plus fortes contributions, et personne n'y peut songer. Tous les autres procédés d'amortissement ne sont que des artifices de comptabilité. Fictions, illusions. Plus on croit avoir amorti, et plus on a emprunté. C'est le tonneau des Danaïdes, c'est le supplice de Tantale.

Ce qui pèse, ce n'est point le capital de la dette, c'est la somme des intérêts qu'on paye annuellement. C'est à réduire la somme des intérêts, non pas à réduire le capital nominal de la dette que doit s'appliquer une bonne politique financière.

Nous aurons à revenir sur ce sujet. En insistant pour que l'emprunt destiné aux travaux publics soit émis en 4 % perpétuel il nous sera facile de démontrer que l'émission de ce fonds préparera favorablement la voie à la conversion, qui est presque mûre, du 5 °/₀ en 4 1/2, sans augmenter le capital de la dette.

Nous aurons aussi à parler du remboursement des 250 millions qu'on doit aux porteurs des bons de liquidation 5 °/₀ et à voir en outre s'il est réellement utile d'offrir une conversion aux porteurs des trentenaires 4 °/₀ (1).

---

(1) Sur ces entrefaites, le projet de convertir les obligations trentenaires ayant été abandonné, M. Cernuschi n'est plus revenu sur cette question.

II

6 Mars 1878.

A option, j'achèterais les Indes! Le
mot est d'un grand banquier. Mot juste,
car nulle clause plus précieuse que celle
par laquelle l'un des contractants se ré-
serve l'option de maintenir indéfiniment
le contrat ou de le résilier quand bon lui
semblera.

Cette option appartient de droit au débiteur des rentes, à l'Etat. Mais l'Etat y
renonce implicitement, nous l'avons vu,
si, pour contracter un emprunt à 4 1/2, il
aliène du 3 % amortissable en 75 ans, tandis qu'il n'y renonce nullement s'il réalise

ce même emprunt à 4 1/2 en cédant du 4 °/₀ perpétuel.

Réalisé par l'émission du 4 °/₀, l'emprunt à 4 1/2 sera ultérieurement susceptible d'une amélioration de 25 °/₀ au moyen de la conversion du 4 en 3 °/₀. Réalisé par l'émission du 3 °/₀ amortissable en 75 ans, il resterait 4 1/2 jusqu'à sa lointaine extinction, sans amélioration possible; car, de sa nature, le 3 °/₀ n'est ni rachetable ni convertible. *Lasciate ogni speranza.* Aussi devions-nous conclure et avons-nous conclu contre le 3 °/₀ amortissable et en faveur du 4 °/₀ perpétuel.

———

Passons maintenant à l'exécution : 40 millions de rente 4 °/₀ émis au prix de 89 produiront 890 millions.

Cette somme sera employée comme suit :

1° 250 millions à rembourser au pair les bons de liquidation, titres qui constituent une rente 5 °/₀ terminable dans 20 ans. Il est évident qu'il convient de rembourser au plus vite une dette à 5 °/₀ quand à côté, en émettant du 4 °/₀ à 89, on se fait de l'argent à 4 1/2.

2° 330 millions pour le rachat des lignes secondaires. Le prix de rachat est passible d'intérêts de retard à 5 °/₀. Plus tôt le prix sera soldé et plus l'État économisera sur les intérêts.

3° 310 millions pour l'exécution de nouveaux travaux.

Les compagnies des chemins de fer écoulent leurs obligations 3 °/₀ au moyen de ventes quotidiennes faites aux guichets de leurs caisses. Le *robinet* est toujours ouvert. Mais il ne faut pas que l'Etat entre en concurrence avec les compagnies; il ne faut pas qu'il ouvre un second robinet.

Non, le 4 %. doit être lancé au grand jour, par souscription publique. Capitalistes et spéculateurs le rechercheront à l'envi.

Les premiers versements serviront au rachat des lignes secondaires et des bons de liquidation; les versements exigibles à échéances éloignées serviront à l'exécution des nouveaux travaux.

Émis à 89, le 4 %. s'élèvera facilement vers le pair, et c'est alors que l'heure de la conversion du 5 %. en 4 1/2 aura sonné.

Cette conversion ne saurait être obligatoire, mais les rentiers y consentiront avec empressement. S'ils n'y consentaient

pas, ils seraient remboursés à raison de
100 francs par chaque 5 francs de rente.
« Qu'allons-nous faire de cet argent? » se
diront-ils. « Le vieux 3 % est à 77, le
« jeune 4 % touche au pair, ne bougeons
« pas, acceptons tranquillement la con-
« version; nous y gagnons de laisser
« notre argent placé à 4 1/2. »

Si des rentiers demandent le remboursement, l'État n'y perdra rien. Il trouvera
tout l'argent nécessaire en vendant du
4 % à 95 ou 96, et cet argent lui coûtera
ainsi moins que 4 1/2 %.

Pour parfaire, dans le délai de dix ans,
tous les travaux publics projetés, on émettra ultérieurement pour 120 millions de
rente 4 ou 3 1/2 %. Le total des rentes à
inscrire, en comprenant les 40 millions

de la première émission, s'élève donc à 160 millions.

Les rentes perpétuelles inscrites au grand-livre s'élèvent actuellement en chiffres ronds à :

346 millions rente 5 %,

37 1/2 millions rente 4 1/2 %

1/2 million rente 4 %

363 millions rente 3 %

____

747 millions.

Les 363 millions 3 % doivent être considérés irréductibles. Mais dès la première conversion du 5 %, celle qui va suivre l'émission du 4 %, les 346 millions de rente 5 % seront réduits d'un dixième, ils ne seront plus que 312 millions de rente 4 1/2. Dans dix ans, nouvelle conversion du 4 1/2 et du nouveau 4 % en

3 1/2; dans vingt ans conversion générale en 3 °/₀. Ces conversions successives auront produit une économie annuelle de plus de 160 millions. C'est le montant des nouvelles rentes qu'on aura créées en dix ans pour les travaux publics; de telle sorte que dès avant l'an 1900 le montant de la rente inscrite sera ramené à son chiffre actuel (747 millions). On aura donc dépensé plus de 3 milliards en travaux publics sans augmentation définitive de l'intérêt de la dette consolidée.

Qu'on ne crie pas au prodige! Sans précédents sont les prodiges, surtout en matière financière, mais ici le précédent existe. L'Angleterre a eu des rentes 5, 4 1/2, 4, 3 1/2 °/₀. Par des conversions successives, elle a réduit le taux de toutes ces rentes à 3 °/₀. Économie obtenue : plus de 100 millions de francs l'an, à perpétuité.

Tout se tient dans le plan qu'on vient de tracer : fidélité au régime des rentes perpétuelles; renonciation à toute idée d'amortir le capital de la dette consolidée; conversion du 5 en 4 1/2, cette conversion bien préparée par le lancement du 4 %; mais tout serait bouleversé et compromis si le 3 % amortissable venait à paraître.

Nous dirons prochainement comment et pourquoi les rentes françaises ne peuvent manquer d'acquérir une grande plus-value, toute la plus-value dont on aura besoin pour tirer des conversions tout le profit que l'Anglerre en a tiré.

III

12 Mars 1878.

De 1854 à 1870, l'État a émis 173 millions de rente 3 %, et 17 millions seulement de 4 1/2 %, le 3 % au prix de 64 fr. et le 4 1/2 au prix de 92. En aliénant une rente de 4 fr. 50 c. en titres 3 %, à 64, l'État encaissait 96 francs, soit 4 francs de plus qu'en aliénant à 92 une rente de 4 fr. 50 c. en titres 4 1/2. Mais que ce bénéfice coûtera cher au pays !

Le capital nominal d'une rente de 4 fr. 50 c. en 3 %, est 150 francs, celui d'une égale rente en 4 1/2 est seulement 100 fr.

Voici le 3 % à 74, et il montera davantage, mais sans conversion possible, car jamais on n'aura profit à donner 150 francs pour racheter une rente de 4 fr. 50 c. Voici le 4 1/2 à 103, et il montera davantage ; la date s'avance où il suffira d'offrir 100 francs pour procéder à la conversion de ce fonds en 4 %, avec possibilité de le convertir plus tard en 3 1/2 et en 3 %.

Sur les 17 millions rente 4 1/2, la conversion finale fera gagner le tiers ; ce sera une économie perpétuelle de plus de 5 millions l'an. Sur les 173 millions de rente 3 %, on n'économisera jamais rien. Et se dire que la conversion finale assurerait une économie perpétuelle de plus de 50 millions l'an, si au lieu d'émettre du 3 % on avait émis du 4 1/2 ! Quelle leçon !

Mais il y a pire. A quel taux n'aurait-il pas fallu réemprunter, depuis nombre d'années, afin de servir l'amortissement des 5 milliards et demi, capital des 173 millions rente 3 %; et quelles imprécations n'entendrait-on pas s'élever depuis longtemps à l'adresse des anciens cabinets s'ils avaient fait prendre à l'État l'engagement d'amortir par tirages les 173 millions de rente; en d'autres termes, s'ils avaient, dès 1854, mis au jour le 3 % amortissable !

Non, à moins de pouvoir l'aliéner à 90, l'État ne doit jamais créer du 3 % et encore moins doit-il s'engager à l'amortir par des tirages.

L'État est perpétuel, répétons-le. Il n'a que faire du viager et des tables de mortalité. Il possède le splendide privilége de pouvoir contracter des dettes perpétuelles, toujours rachetables et toujours convertibles si le type des titres est bien choisi ;

pourquoi abdiquer le privilége? Pourquoi ce *gran rifiuto?*

Cependant la vie parlementaire est une vie de compromis; qui ne veut rien sacrifier risque de ne rien sauver. Sacrifions donc la perpétuité, puisque l'amortissement réunit de si nombreux suffrages, mais sauvons la convertibilité. On fera les tirages annuels, mais au lieu d'émettre du 3 %, on émettra du 4 1/2 ou du 4 %, et l'État aura le droit d'anticiper les tirages pour rembourser au pair.

———

Le Crédit foncier a bien vendu *au pair* pour douze cents millions de francs d'obligations 5 % et 4 1/2 % remboursables au pair par tirages et sans lots. Imiter pour imiter, mieux vaut prendre modèle sur le type 4 1/2 % du Foncier que sur celui des obligations 3 %, des Compagnies de chemins de fer.

Les 75 années d'amortissement ne devront commencer que le 1er janvier 1889, quand les travaux seront achevés. Il sera stipulé que d'ici là aucun tirage ne pourra être anticipé; de sorte qu'assurés de garder leurs titres pour une durée de 10 ans au moins, les preneurs de 4 1/2 afflueront en masse, soit qu'on l'émette à une petite marge au-dessous du pair, soit qu'on l'émette au pair.

———

Le 4 %, amortissable sera émis à 90, taux qui, tout calculé, constitue pour l'État un emprunt à 4 1/2 d'intérêt. Ici la faculté d'anticiper les tirages ne sera soumise à aucun délai. Le souscripteur qui verse 90 ne redoute nullement un remboursement, même prochain, à 100. C'est une majoration de 10, soit d'un neuvième du capital déboursé.

Mais encore plus que le 4 1/2, le 4 °/₀ exige que les 75 années des tirages contractuels ne commencent qu'en 1889, car il serait par trop fâcheux de continuer pendant les dix ans des travaux, à rembourser d'une main au prix du pair, et à émettre de l'autre à un prix inférieur au pair.

Pour réaliser 500 millions par des titres amortissables en 75 ans, il faut émettre ou 700 millions de 3 °/₀, ou 500 de 4 1/2, ou 560 de 4 °/₀. Mais en fait les 700 millions ne seraient jamais convertibles, tandis que les 500 ou les 560 le seront, et, au jour venu, la conversion sera d'autant plus facile qu'on pourra l'effectuer par portions et graduellement au moyen de l'anticipation des tirages.

En résumé : adoption de l'amortissement contractuel, avec adjonction de l'a-
mortissement facultatif, et à ces effets :

« Le Gouvernement autorisé à négocier,
« à son choix, du 4 1/2 ou du 4 %, l'un
« et l'autre amortissables par annuités
« égales au moyen de tirages devant avoir
« lieu une fois l'an pendant 75 ans comp-
« tés du 1er janvier 1889, et avec faculté
« pour l'État d'anticiper un ou plusieurs
« tirages, en tout temps pour le 4 % et
« seulement à partir de 1889 pour le
« 4 1/2. »

Telle est la transaction que les amis du
convertible proposent aux amis de l'amortissable. Il y a des juges à Versailles.

IV

18. Mars 1878.

Peu de Français savaient en 1871 que la rente 5 %, alors émise à 82 francs, et que la rente 3 %, alors cotée à 52 francs, monteraient en quelques années l'une à 110, l'autre à 74. Peu de Français savent aujourd'hui que le 3 % montera dans peu d'années de 74 à 90.

De même qu'une grande marée, une grande hausse se prédit. C'est affaire de calcul et de raisonnement.

———

Jules César trouvait aux anciens Gaulois deux belles qualités : la vaillance et l'éloquence. Les Gaulois modernes, les Français, en possèdent une troisième : le goût de l'épargne. Les publicistes étrangers sont unanimes à reconnaître que la plus brillante est en même temps la plus économe des grandes nations.

En France, six millions de chefs de famille possèdent terre ou maison. Les petits propriétaires détiennent les trois quarts du sol et le travaillent de leurs mains. Ce qu'ils en tirent, eux seuls le savent ; toujours est-il que depuis cinquante ans, tandis que la valeur de la grande propriété ne s'est accrue que d'un tiers, celle de la petite a quadruplé et quintuplé.

Ce furent les vastes propriétés qui appauvrirent l'Italie des Romains. C'est le morcellement de la terre qui enrichit la

Gaule des Français. Les paysans épargnent et donnent l'exemple aux petits industriels, aux salariés, aux domestiques; tous les petits ont leur tirelire.

Quel emploi donner aux épargnes? On achète des titres qui rapportent. Quels titres achètera-t-on dorénavant?

Tombés presque tous en discrédit, les États étrangers ne peuvent plus espérer de placer ici la grande partie de leurs futurs emprunts. Le public français voudra des titres français. Qui en fournira des nouveaux?

Si on excepte un nombre assez restreint de vieilles compagnies exploitant des monopoles concédés par l'État ou par les grandes villes, assez souvent avec renfort de subventions et garanties d'intérêt, très-peu de sociétés anonymes ont pu distribuer régulièrement et d'une manière suivie des dividendes suffisants aux actionnaires. L'anonymat est usé; plus de fondateurs. S'il est une industrie qui peut à la rigueur s'accommoder du régime de l'anonymat, c'est l'industrie banquière. Or les banques elles-mêmes (et nous y comprenons les établissements qu'on appelle « institutions de crédit »), les banques elles-mêmes, au lieu de se multiplier ou d'émettre des actions nouvelles, ont depuis quelques années une tendance marquée à restreindre le champ de leurs opérations et à diminuer leur capital. En somme, pas d'actions à créer, ni industrielles ni financières. Aucune émission en perspective.

Comme l'État empruntera lui-même en vue des lignes à construire, l'émission des obligations des compagnies de chemins de fer ne sera plus si abondante, et les obligataires savent d'ailleurs qu'ils paient des impôts, impôt de mutation sur les titres nominatifs et sur les titres au porteur, impôt sur le revenu, impôt sur le remboursement. Nulle certitude que ces impôts ne puissent un jour être augmentés.

Même inconvénient pour les fonds municipaux ; et au surplus les grandes villes ont complété leurs emprunts. Leurs grands-livres sont pour ainsi dire fermés.

Où iront donc les petites épargnes si ce n'est à la rente ?

Mais il n'y a pas que les petits qui fassent des économies, les gros en font aussi et de très-grandes. Il est des riches, beaucoup de riches qui ne consomment pas tout leur revenu, il est des avares qui en consomment le moins possible.

Que de coupons ne détache-t-on pas à chaque trimestre pour être employés en fonds publics! Que de rentes à demander pour cette immense capitalisation d'intérêts!

Pour placer les capitaux qui serviront de garantie à leurs opérations viagères, les compagnies d'assurances ne peuvent mieux faire que d'acquérir des rentes; pour faire fructifier leurs fonds temporairement disponibles, les banquiers achètent des rentes au comptant et les revendent plus cher à terme : c'est toujours des rentes qu'on demande au marché. Et les emplois et remplois judiciaires, et les cautionnements, et les fondations perpétuelles! Encore et toujours des rentes.

La rente est la richesse la plus mobile, la plus divisible, la plus sûre, la mieux réalisable et nul impôt ne l'atteint.

La spéculation elle-même se porte sur la rente. Les obligations des chemins de fer ne se négocient qu'au comptant; les rentes se négocient à terme, ferme, à prime, fin courant, fin prochain. Et quel marché que le marché de Paris! Toute l'Europe y spécule et y spécule en toute confiance.

Le marché des fonds publics est beaucoup mieux organisé à Paris que dans les autres capitales. Les contrats faits au parquet sont publics et contrôlables. Les intermédiaires fournissent caution et forment une corporation largement dotée, flère de son renom, et, par le fait, répondant de l'honorabilité de chacun de ses membres.

Excellent son parquet, très-solide sa haute banque, plus circonspects que partout ailleurs ses spéculateurs eux-mêmes. Paris n'a vu ni le vendredi noir (Black Fri-

day) de Londres, ni l'effondrement (Krach)
de Vienne. Tous les engagements ont été
tenus pendant le siége et pendant la com-
mune.

En moins de sept ans, le marché français a absorbé 364 millions de rentes 5 °/₀,
trois grands emprunts de la ville de Paris,
les Trentenaires, les Bons de liquidation,
les emprunts de Lyon, de Marseille, du
Nord, et qui sait combien d'obligations
des chemins de fer, et combien de rente
italienne de nouvelle création! Et quelle
part, depuis 1871, les capitaux français
n'ont-ils pas prise dans les énormes émissions égyptiennes, ottomanes, péruviennes,
et dans les nouveaux emprunts russes, au-
trichiens, hongrois, roumains, florentins et
napolitains! La France est donc inépui-
sable?

Quelle place tiendront, nul autre fonds

ne se présentant, les 160 millions de rente à créer en dix ans pour achever les travaux publics? Ils seront avalés comme rien. Et les offres cesseront, et les demandes persisteront, et les titres de rente manqueront au marché, et, fatale, irrésistible, la hausse entraînera tout. La conversion en 3 % de toutes les rentes constituées à intérêt plus élevé s'imposera d'elle-même. Alors on se repentira d'avoir contracté en 1878, sous forme de 3 % amortissable, un emprunt de durée presque séculaire au taux irréductible de 4 1/2.

2659 — Paris. — Imp. V° Ethiou-Pérou et A. Klein, rue Damiette, 2 et 4.